PAIDEIA
ÉDUCATION

PIERRE CORNEILLE

L'Illusion comique

Analyse littéraire

© Paideia éducation.

22 rue Gabrielle Josserand - 93500 Pantin.

ISBN 978-2-7593-0380-9

Dépôt légal : Juin 2023

Impression Books on Demand GmbH

In de Tarpen 42

22848 Norderstedt, Allemagne

SOMMAIRE

- Biographie de Pierre Corneille 9

- Présentation de *L'Illusion comique* 13

- Résumé de la pièce 17

- Les raisons du succès 29

- Les thèmes principaux 33

- Étude du mouvement littéraire 41

- Dans la même collection 45

BIOGRAPHIE DE
PIERRE CORNEILLE

Pierre Corneille est un auteur dramatique français né à Rouen en 1606. Issu d'une famille de la moyenne bourgeoisie, ainé de six enfants, il fait de brillantes études chez les Jésuites au collège de Maulévrier. En 1624, il est reçu avocat stagiaire au parlement de Rouen. Il vit à cette époque son premier amour avec une femme qui inspire l'héroïne de sa première pièce de théâtre, *Mélite*, jouée en 1629 à Paris. Grâce à cette comédie, Corneille connait son premier grand succès et se fait connaître à la cour.

Vers 1628, Corneille achète deux offices d'avocats, mais il est surtout attiré par une carrière poétique. C'est le début d'une longue série de comédies sentimentales et morales : *La Veuve* (1631), *La Galerie du Palais* (1632), *La Suivante* (1633), *La Place royale* (1634). C'est la résurrection du genre comique. Désormais reconnu comme dramaturge, Corneille est invité en 1633 par l'archevêque de Rouen pour composer des vers en l'honneur du roi. Il fait partie des « cinq auteurs » qui travaillent sous la protection de Richelieu, mais il cesse vite d'être son domestique à gage. Il s'essaie à la tragédie avec *Médée* (1635), puis il écrit sa comédie la plus originale, *L'Illusion comique*, en 1636. L'année suivante, il s'impose comme le plus grand poète dramatique de son temps avec sa tragi-comédie : *Le Cid*. Mais l'immense succès de la pièce n'est pas partagé par les critiques qui déchaînent bientôt la fameuse querelle du *Cid*. Corneille sort meurtri de cette violente bataille de pamphlets.

Après trois ans de silence, Corneille rédige *Horace*, considéré comme sa première grande tragédie. En 1642 naît une petite fille de son union avec Marie de Lampérière. Sa réputation s'accroit encore avec le succès de *Cinna* à la fin de l'été 1642. Corneille rédige ensuite de nombreuses tragédies : *La Mort de Pompée* (1642-1643), *Rodogune* (1644-

1645), *Théodore, vierge et martyre* (1645-1646), *Héraclius* (1647), *Andromède* (1650), *Nicomède* (1651). Il réaffirme entre-temps son talent d'auteur comique en faisant jouer *Le Menteur* au théâtre du Marais en 1643, ainsi que *Don Sanche* d'Aragon en 1650.

En 1647, Corneille est élu à l'Académie française, mais l'échec de *Pertharite*, joué à la fin de 1651, le décourage brusquement : il abandonne le théâtre pendant près de sept ans et profite de cette interruption pour s'occuper de la traduction en vers de *L'Imitation de Jésus-Christ*. L'ensemble paraît en 1656 : le succès est immense.

L'année 1658 marque son retour à la scène avec la tragédie *Œdipe*, qui lui permet de reconquérir son public. Il fait jouer successivement *La Toison d'or* (1661), *Sertorius* (1662), *Sophonisbe* (1663), *Othon* (1664), *Agésilas* (1666), *Attila* (1667). Ces tragédies sont confrontées au triomphe naissant du jeune Racine, et Corneille ne connaît plus le même succès qu'entre 1640 et 1650. Les deux rivaux collaborent pourtant pour Psyché, qui remporte un immense succès en 1671. Mais après *Pulchérie* (1672) et son ultime tragédie *Suréna* (1673), le déclin de Corneille s'accentue. Il prend sa retraite et fait publier une édition complète de ses pièces de théâtre en 1682. Il meurt à Paris deux ans plus tard.

PRÉSENTATION
DE L'ILLUSION COMIQUE

L'Illusion comique est une comédie en cinq actes composée d'alexandrins. Elle est représentée au Théâtre du Marais pendant la saison théâtrale 1635-1636, et publiée à Paris en 1639. Qualifiée d'« étrange monstre » par son auteur, la pièce réunit plusieurs genres dramatiques : pastorale, comédie, tragi-comédie, tragédie. Elle répond à l'esthétique baroque et prend le théâtre comme sujet, avec pour thème central l'illusion, traité avec virtuosité et originalité.

Sans nouvelle de son fils Clindor depuis dix ans, Primadant s'informe auprès du vieux magicien Alcandre. Celui-ci lui révèle que Clindor est entré au service du soldat Matamore et tombé amoureux d'Isabelle. Grâce à ses pouvoirs, Alcandre fait apparaître sous les yeux de Primadant quelques scènes du passé de son fils : Clindor tue un rival, est arrêté et condamné à mort, puis s'évade de prison avec Isabelle. Le dernier acte opère un changement de décor : Clindor, devenu le mari d'Isabelle, s'apprête à la trahir avec l'épouse du prince Florilame. Celui-ci le tue, et la dernière scène nous révèle un Primadant anéanti par la mort de son fils. Alcandre lui montre alors les coulisses d'un théâtre : Clindor et Isabelle sont en train de se partager la recette du spectacle. Le dernier acte n'était en fait que la fin d'une tragédie interprétée par Isabelle et Clindor, devenus comédiens.

L'intérêt principal de *L'Illusion comique* réside dans la création d'un théâtre dans le théâtre, ainsi que dans le traitement du personnage de Matamore, le plus brillant fanfaron de toute l'histoire du théâtre. La pièce concourt au renouveau de la comédie au XVIIe siècle, et fait de Corneille le prédécesseur et le précurseur de Molière.

RÉSUMÉ DE LA PIÈCE

Acte premier

Scène première

Pridamant recherche son fils dont il est sans nouvelle depuis dix ans. Son ami Dorante lui conseille de rendre visite au vieux magicien Alcandre.

Scène II

Alcandre propose à Pridamant de lui montrer des images de la vie et des amours de son fils, grâce à des « spectres pareils à des corps animés ».

Scène III

Alcandre raconte brièvement les premiers épisodes de la vie de Clindor. Pour vivre, il enchaîne les métiers « sans honneur et sans fruit » à Paris. Cependant, las de cette vie, il s'installe à Bordeaux où il entre au service du soldat Matamore. Alcandre invite alors Pridamant à entrer dans sa grotte pour y préparer le charme qui servira à faire apparaître la suite des aventures de Clindor.

Acte II

Scène première

Dans la grotte, les spectres de Clindor et de son maître apparaîssent sous les yeux des deux hommes.

Scène II

Clindor converse avec son maître Matamore, qui vante ses exploits guerriers et ses conquêtes amoureuses. Aucune femme ne lui a refusé son cœur, jusqu'à ce qu'il tombe amoureux d'Isabelle. Il l'entend justement arriver avec son rival et se retire.

Scène III

Isabelle refuse les faveurs d'Adraste, qu'elle déteste autant qu'il l'aime. Adraste, déterminé, part quand même à la rencontre de Géronte pour lui demander la main de sa fille.

Scène IV

Matamore continue de vanter ses pseudos-exploits devant Isabelle. Celle-ci, comme Clindor, encourage ses dires avec une certaine ironie qu'il ne perçoit pas. Un page interrompt Matamore car un courrier le demande, de la part de la reine d'Islande. Le soldat prétend qu'il est las des avances persistantes de la reine. Il part s'entretenir une heure avec l'envoyé de la reine et confie Isabelle à Clindor.

Scène V

Enfin seuls, Clindor et Isabelle s'avouent leur amour.

Scène VI

Adraste suspecte Clindor d'être l'amant d'Isabelle et le menace. Clindor répond fièrement sur le même ton et prend retraite.

Scène VII

Lyse, la servante d'Isabelle, apprend à Adraste qu'Isabelle et Clindor s'aiment passionnément. Lyse promet à Adraste de le lui prouver en l'amenant auprès des deux amants lors de leur prochain rendez-vous.

Scène VIII

Dans un monologue, Lyse exprime sa colère envers Clindor qui lui préfère Isabelle. Elle prépare une vengeance.

Scène IX

Pridamant s'inquiète pour son fils, mais Alcandre le rassure.

Acte III

Scène première

Isabelle s'oppose à son père, lequel veut l'obliger à épouser Adraste.

Scène II

Monologue de Géronte, père d'Isabelle, dans lequel il se plaint de l'insoumission de sa fille.

Scène III

Matamore déclare à Géronte l'amour qu'il porte à Isabelle. Géronte n'est pas dupe de ses fabulations. Il refuse de l'écouter plus longtemps, et menace de lui envoyer ses valets.

Scène IV

Une fois Géronte parti, Matamore exalte sa colère devant Clindor et se retire.

Scène V

Clindor fait la cour à Lyse et prétend qu'il ne veut épouser Isabelle que pour sa fortune.

Scène VI

Dans ce monologue, Lyse exprime son amertume. Entre amour et haine, elle décide de mener à bien sa vengeance contre Clindor.

Scène VII

Matamore, seul, a peur de voir apparaître les valets de Géronte. Il entend Clindor et Isabelle, et reste à l'écart pour les écouter.

Scène VIII

Matamore entend leurs confidences amoureuses, puis manifeste sa présence.

Scène IX

Clindor résiste aux menaces de Matamore. Il est prêt à

le combattre. Mais celui-ci, « guerrier trop magnanime », accepte de lui faire don d'Isabelle.

Scène X

Matamore montre sa pseudo-générosité à Isabelle. Il lui demande d'accepter de sa part l'amour que lui porte Clindor et leur demande d'échanger un baiser.

Scène XI

Adraste surprend ce baiser et, suivi de Géronte, s'apprête à tuer son rival. Clindor est plus rapide et tue Adraste, mais il doit se rendre devant les valets trop nombreux de Géronte. Géronte ordonne à ses domestiques de le conduire en prison.

Scène XII

Pridamant est inquiet pour son fils et demande l'aide du magicien pour le sauver. Alcandre le rassure à nouveau.

Acte IV

Scène première

Clindor est condamné à mort pour le meurtre d'Adraste. Dans son monologue, Isabelle évoque le triste sort de son amant, dont le seul crime est de l'avoir aimée. Elle est prête à mourir pour le rejoindre dans l'au-delà et venir hanter son père responsable de tous ses malheurs.

Scène II

Lyse annonce à Isabelle qu'elle connaît un moyen de libérer Clindor : elle a séduit le geôlier et l'a convaincu de s'enfuir avec elle, en compagnie de Clindor et Isabelle. Isabelle part chercher l'argent nécessaire à leur fuite.

Scène III

Dans son monologue, Lyse exprime des regrets : si elle a tendu un piège à Clindor en le livrant à Adraste, elle ne souhaite pas non plus sa mort.

Scène IV

Isabelle rencontre Matamore, enfermé dans la maison depuis quatre jours. Il prétend vouloir assurer la protection d'Isabelle, mais il se cache en réalité des valets de Géronte.

Scène V

Lyse reproche à cette rencontre fortuite d'avoir retardé Isabelle.

Scène VI

Le geôlier vient chercher Lyse et Isabelle. Ils sont prêts à partir.

Scène VII

Dans sa prison, Clindor se lamente, mais il est fier de mourir pour Isabelle. Alors qu'il frémit en imaginant son exécution prévue le lendemain, la porte de la prison s'ouvre.

Scène VIII

Le geôlier fait croire à Clindor que les juges, pour lui épargner l'humiliation publique, ont avancé l'heure de son exécution : il doit mourir cette nuit.

Scène IX

Au lieu de voir les archers, Clindor découvre Isabelle et laisse éclater sa joie. Lyse, le geôlier, Clindor et Isabelle s'évadent.

Scène X

Alcandre rassure Pridamant sur le sort des amants. Personne ne les a retrouvés. Ils vivent heureux et, au bout de deux ans, ont atteint de hautes fonctions. Le magicien s'apprête à lui montrer le nouveau Clindor.

Acte V

Scène première

Pridamant découvre une Isabelle changée et éclatante, suivie par Lyse qui lui sert de servante.

Scène II

Isabelle, désormais mariée à Clindor, se plaint à Lyse de l'infidélité de son époux avec Rosine, la femme du Prince Florilame. Lyse lui conseille de dissimuler sa jalousie, mais

Isabelle entend bien exprimer sa colère et son dégoût de l'adultère.

Scène III

Dans l'obscurité, Clindor fait une déclaration d'amour à Isabelle en croyant se trouver face à Rosine. Isabelle laisse éclater sa rancœur pour ce mari infidèle, alors qu'elle a tout quitté pour le suivre, mais Clindor lui rappelle son amour pour elle, profond et durable, contrairement aux ardeurs d'une aventure d'un jour. Isabelle, charmée, est prête à fermer les yeux sur l'infidélité de son mari, mais s'inquiète de la vengeance du Prince Florilame. Elle préfère mourir, ne voyant aucune autre issue. Clindor, émut, lui promet de se ranger. Voilà justement la Princesse qui s'avance. Clindor propose à Isabelle de se cacher et de les écouter.

Scène IV

Rosine s'étonne de la froideur de son amant qui, après l'avoir séduite, lui prêche la vertu. Il choisit l'honneur aux plaisirs et lui conseille de combattre elle aussi ses désirs, mais Rosine préfère mourir plutôt que de renoncer à l'amour qu'elle lui porte.

Scène V

Éraste, l'écuyer de Florilame, surprend les deux amants. Il les tue et conduit Isabelle au château où le Prince, qui l'aime depuis longtemps, l'attend.

Scène VI

Pridamant est dévasté par la mort de son fils, mais Alcandre lui montre les coulisses d'un théâtre, où les comédiens se partagent la recette. Pour vivre, Clindor et Isabelle sont devenus comédiens, et cet épisode n'était en fait que la fin d'une tragédie. Pridamant, soulagé, méprise cependant le métier de son fils. C'est alors qu'Alcandre fait l'éloge du théâtre et convainc Pridamant des vertus du métier. Il part à Paris retrouver son fils.

LES RAISONS
DU SUCCÈS

Avant 1630, le théâtre cherche encore son identité. Mais la situation est en train de changer au moment de la première représentation de *L'Illusion comique* au Théâtre du Marais. Richelieu, qui gouverne la France à cette époque, s'intéresse de fort près au théâtre. Il ouvre des lieux de représentation et permet ainsi au genre d'exister. Le théâtre passe peu à peu pour un divertissement honnête et à la mode, alors qu'il avait jusque là mauvaise réputation. *L'Illusion comique* participe à sa réhabilitation.

Avant 1630, soit cinq ans avant la première représentation de *L'Illusion comique*, la comédie en vers et en cinq actes n'existe pas encore. Cette pièce de Corneille – en cinq actes et composée d'alexandrins – contribue dès lors au renouveau du genre littéraire de la comédie, alors que celui-ci était sur le déclin. Bien plus encore, Corneille insiste sur l'étrangeté de la pièce, qui repose paradoxalement sur des éléments connus. À cette époque, l'esthétique baroque s'est introduite en France, aussi cette pièce s'inscrit-elle dans la tradition littéraire de son temps. Corneille reprend des personnages traditionnels, comme le fanfaron et le magicien que l'on retrouve dans la comédie italienne. Il reprend aussi le thème de l'illusion, déjà traité en Espagne avec *La Vie est un songe* de Caldéron. Le dramaturge mêle cependant tous ces éléments en une intrigue originale. Par ces éléments, *L'Illusion comique*, proche des pièces de son temps, ne ressemble pourtant à aucune autre.

En plus de jouer un rôle évident dans le renouvellement de la comédie au XVIIe siècle, *L'Illusion comique*, d'une grande originalité, se révèle être la pièce la plus représentative du théâtre baroque français en général. Le thème de l'illusion n'est certes pas nouveau, mais Corneille fait de ce motif l'essence même de sa pièce, comme son titre l'indique. C'est effectivement le jeu sur les apparences qui donne tout son intérêt, et l'esthétique baroque, loin d'être ici un élément superflu, est une composante absolument essentielle. Par ailleurs, si Corneille qualifie sa pièce d'« étrange monstre », c'est parce qu'elle opère une habile fusion de plusieurs genres dramatiques : la pastorale, la comédie, la tragi-comédie et la tragédie. *L'Illusion comique* répond ainsi parfaitement, plus que n'importe quelle autre pièce, aux caractéristiques de l'esthétique baroque, adossé à l'idée d'originalité, de variété, de surprise, et refusant toutes sortes de classifications.

Ces caractéristiques font de *L'Illusion comique* une pièce complexe et unique dans l'histoire du théâtre au XVIIe siècle. L'œuvre connait un grand succès et continue de triompher malgré les irrégularités qui la mettent aux antipodes des pièces classiques, dominée par le rationalisme et la simplicité. C'est ainsi qu'en 1660, Corneille se réjouit de voir encore sa pièce représentée, alors qu'à cette date, le classicisme l'a définitivement emporté sur le baroque. Elle a « surmonté l'injure des temps », dit-il.

L'atmosphère magique et irréelle qui a fait le succès de la pièce va cependant finir par dérouter. La pièce tombe dans l'oubli au XVIIIe siècle. Elle est méconnue au XIXe siècle. Néanmoins, l'année 1937 marque sa résurrection avec la mise en scène de Louis Jouvet au Théâtre-Français. Le succès est de nouveau au rendez-vous grâce à la féérie des décors et *L'Illusion comique*, considérée comme l'émanation du théâtre baroque français, est aujourd'hui souvent représentée.

LES THÈMES PRINCIPAUX

Tous les thèmes de *L'Illusion comique* revêtent un caractère théâtral. Les thèmes centraux ne sont donc pas l'amour et la mort, pourtant présents tout au long de la pièce, mais l'illusion. Le titre même de la pièce suggère un jeu sur les apparences.

Le motif des apparences trompeuses apparaît tout d'abord dans le traitement des personnages qui portent presque tous un masque, jouent des illusions, en créent ou en sont les victimes. Excepté Alcandre et Pridamant, ils sont tous représentés sous la forme de « spectres », c'est-à-dire des apparences d'êtres humains ; et le mensonge, entre eux, est omniprésent : Clindor cache sa véritable identité à Matamore sous le pseudonyme de « Sieur de la Montagne » ; il entretient les fantasmes de son maître et fait semblant d'être impressionné par ses prouesses de guerre et ses conquêtes amoureuses, lesquelles sont en réalité bien rares, voire inexistantes. En revanche, si personne ne croit à ses fanfaronnades, Matamore est prisonnier de ses fantasmes et semble convaincu d'être un héros, à force de vanter ses exploits. Sa lâcheté est pourtant évidente et se manifeste chaque fois qu'il tente de mettre en avant ses prouesses et son pseudo-héroïsme. « Guerrier trop magnanime », il refuse notamment de combattre Clindor et décide de lui faire don d'Isabelle. Lyse recourt également au mensonge, même si c'est pour la bonne cause : alors que Clindor est emprisonnée et condamné à mort pour le meurtre d'Adraste, la servante séduit le geôlier et le convainc de s'enfuir avec elle après avoir libéré le prisonnier. Même le geôlier ment à Clindor, en prétendant que l'heure de son exécution est avancée afin de lui épargner la honte d'une exécution publique.

Aussi chaque personnage apparaît-il sous des facettes différentes. Clindor est un valet fidèle pour Matamore, alors qu'il est l'amant de la femme qu'il aime. Lyse est une amie complice pour Clindor, alors que, rongée par l'amertume, elle se venge de cet homme qui lui préfère Isabelle. La jeune femme croyait avoir développé pour lui une haine irrévocable. Elle le sauvera pourtant de la mort en acceptant d'épouser le geôlier, « un mari pour qui [elle est] de glace ». Face aux conséquences tragiques de son acte, elle préfère en effet renoncer à son amour et découvre sa nature généreuse. Tout comme Matamore – à moindre degré –, la plupart des personnages se trompent sur leurs sentiments et sont finalement les victimes de leurs propres illusions. Clindor prétend vouloir épouser Isabelle uniquement pour sa fortune. En prison, cependant, seul son amour pour la jeune femme parvient à apaiser son âme. C'est la seule scène où il est sincère, où il se révèle enfin tel qu'il est vraiment. Ainsi, volontairement ou non, tous les personnages de la pièce portent des masques, pour plaire ou se moquer.

Le jeu sur les apparences trompeuses se retrouve également au cœur même de la construction de la pièce.

Tout d'abord, *L'Illusion comique* se construit sur trois niveaux. Le premier niveau correspond au dialogue entre Alcandre et Pridamant : un père consulte un vieux magicien dans l'espoir de retrouver son fils Clindor, dont il est sans nouvelle depuis dix ans. Le deuxième niveau correspond à la représentation spectrale des aventures de Clindor, à l'époque où il est au service du soldat Matamore. Ce deuxième niveau constitue déjà un spectacle en soi. Enfin, le troisième niveau accentue encore le phénomène d'enchâssement : Lyse, Clindor et Isabelle, devenus comédiens, interprètent une tragédie. Corneille ne dévoile le subterfuge qu'à la fin. Le spectateur, comme Pridamant, prend donc pour réel le fragment de la tragédie montré par Alcandre, alors qu'il ne l'est pas. La construction de la pièce, avec ses trois niveaux enchâssés, introduit dès lors l'illusion en induisant le spectateur en erreur. Du premier niveau au troisième niveau, le sectateur passe progressivement du réel au fictif, sans s'en apercevoir. Profondément dupé, il ne comprend son erreur qu'à la fin du dernier acte. Corneille a parfaitement bien réussi l'illusion.

L'enchevêtrement des intrigues brise la règle des trois unités (l'unité d'action, l'unité de temps et l'unité de lieu), et l'illusion porte ainsi, dans la pièce, sur l'abolition du temps et de l'espace. Les intrigues emboîtées, les changements de lieux (de la Touraine à Bordeaux, pour finir dans un jardin, de nuit) et le récit des aventures de Clindor, qui semblent couvrir une période de dix ans, transgressent les règles classiques : tous les points de repère s'effondrent. Le spectateur se trouve à la fois dans la grotte, avec Alcandre et Pridamant, et ailleurs, avec Clindor et Isabelle. Aucun lieu ne s'impose comme une réalité objective, de même que le temps (passé, présent, futur) se brouille en permanence. Clindor doit être exécuté « demain », mais « demain » se situe dans le passé, puisque tous les épisodes des aventures de Clindor que nous montre le mage appartiennent à un temps révolu.

Certes, le spectateur peine parfois à se repérer, et se laisse souvent duper. Comme Pridamant, il frémit à chaque nouveau malheur de Clindor et s'inquiète pour sa vie. Corneille met pourtant en garde, tout au long de la pièce, contre l'illusion théâtrale. À la fin de chaque acte, Alcandre rassure Pridamant en lui confirmant le dénouement heureux des aventures de son fils : « Vous reverrez ce fils plein de vie et d'honneur », « Vous le verrez bientôt heureux en ses amours », etc. Le spectateur, comme Pridamant, assiste pourtant en toute crédulité au faux meurtre de Clindor.

Corneille adapte dans sa pièce un vieux thème philosophique, celui du « théâtre du monde ».

S'il ne l'a pas inventé, Corneille utilise le principe du théâtre dans le théâtre avec une grande virtuosité et s'en sert pour réhabiliter le genre considéré avec mépris jusqu'en 1630 environs. C'est une réhabilitation sociale (c'est « le divertissement le plus doux de nos Princes, / Les délices des peuples, et le plaisirs des grands », affirme Alcandre), mais aussi et surtout une réhabilitation morale. Corneille veut convaincre le spectateur des vertus du théâtre : « les douceurs d'un spectacle si beau » trouvent « de quoi se délasser d'un si pesant fardeau ». Il exploite ainsi dans sa pièce un thème philosophique qui remonte à l'Antiquité, celui du « théâtre du monde ». Le traitement de ce vieux thème philosophique consistait à représenter le monde comme un théâtre, où Dieu était l'auteur et le spectateur, seul à connaître le véritable sens de la pièce (de la vie) et l'homme était l'acteur.

Mais Corneille propose ici une interprétation laïque de ce motif : l'auteur (et spectateur) est le mage Alcandre, le spectateur est Pridamant et l'acteur n'est autre que Clindor, celui qui ne se connaît pas soi-même. La pièce raconte alors l'histoire d'un personnage en quête de sa propre identité. Il la trouve enfin, après avoir connu quelques mésaventures, grâce à l'ultime expérience de la mort, où il découvre que l'essentiel réside dans son amour pour Isabelle : « Isabelle, toi seule, en réveillant ma flamme, / Dissipes ces terreurs et rassures mon âme. » Or, le dernier acte montre bien que le théâtre permet d'accéder à la même connaissance de soi, lorsque Pridamant, dans le rôle du spectateur, découvre que son amour pour son fils est plus fort que tous ses préjugés sur le métier de comédien (« J'ai cru la Comédie au point où je l'ai vue, / J'en ignorais l'éclat, l'utilité, l'appas, / Et la blâmais ainsi ne la connaissant pas »). En tant que spectateur, Pridamant atteint sa vérité grâce à l'illusion théâtrale dont il a été victime, au moment où il assiste en toute crédulité au faux meurtre de son fils.

Corneille exalte ainsi la merveilleuse puissance trompeuse du théâtre. Il est l'un des tous premiers, avant Molière et Racine, à montrer sa valeur sur le plan social et moral, en soutenant que le théâtre est un divertissement honnête, au même titre qu'il instruit et incite à réfléchir : sur soi, sur la vie, sur la notion de réel et d'illusion. Il permet aux âmes de changer, tout comme celle de Pridamant, comprenant à la fin de la pièce que seul compte le bonheur de son fils.

ÉTUDE DU MOUVEMENT LITTÉRAIRE

L'Illusion comique de Corneille est la pièce la plus représentative du théâtre baroque français, qui se caractérise par sa fascination pour le mouvement, la variété, l'instabilité. Les spécialistes ne sont pas unanimes sur l'origine du mot baroque (il viendrait peut-être de l'adjectif espagnol « barucco » qui désigne en français une « perle de forme irrégulière »), ni même sur les limites du mouvement dans le temps. La notion de baroque est utilisée à partir du XIXe siècle pour qualifier certaines tendances artistiques, s'étendant approximativement de 1570 à 1670. Mais elle n'a été introduite dans l'histoire littéraire que récemment, vers 1920, ce qui a permis de redécouvrir des œuvres et des auteurs d'une période importante de la civilisation européenne.

Le courant baroque n'est pas tellement une pensée. C'est surtout une vision du monde fondée sur le paraître, l'hyperbole, le spectaculaire. Diderot écrit dans *L'Encyclopédie* que « l'idée du baroque entraîne avec soi l'idée du ridicule poussé à l'excès ». Il semblait donc fait pour s'épanouir au théâtre et c'est Alexandre Hardy qui, en créant le genre de la pastorale dramatique, ouvre la voie au baroque par les décors champêtres, la galanterie, le merveilleux, le burlesque. La vogue de la tragi-comédie se rapproche encore de l'incertitude baroque par son irrégularité, ses contrastes, ses excès ; et quelques auteurs s'y essaient, comme Jean Mairet et Jean de Rotrou, avant de s'intéresser à la tragédie classique.

L'auteur baroque recherche l'originalité, la surprise. Il traite avec virtuosité le thème de l'inconstance, et se libère ainsi des contraintes et des règles issues de l'Antiquité. Il ne respecte pas l'unité de temps et de lieu, et mêle généralement plusieurs genres dramatiques comme la pastorale, la tragi-comédie ou le ballet pour briser l'unité de ton et de style. Ainsi par opposition aux règles de l'art classique, l'esthétique baroque privilégie le mouvement, l'emphase, la surcharge du décor, l'outrance, le paroxysme des sentiments et des passions, la plénitude de vie. Les pièces sont marquées par le sceau de la démesure, notamment celles de Corneille, qui affiche dans sa jeunesse un baroque flamboyant.

Cependant, les auteurs, y compris Corneille, évoluent vers le classicisme. Malherbe notamment, passe des *Larmes de Saint-Pierre* où le style se nourrit d'antithèses, de métaphores et d'hyperboles, à l'affirmation d'un ordre immuable. Malgré ce poème d'inspiration baroque, certains prétendent que Malherbe a toujours porté en lui les valeurs du classicisme. Il est donc difficile de tracer une frontière nette entre art baroque et art classique. Le baroque a détourné un instant les codes du classicisme, mais il n'a été qu'un élan juvénile, confus, finalement dominé par le rationalisme et la simplicité. Il reste cependant une composante essentielle de certaines œuvres classiques.

DANS LA MÊME COLLECTION
(par ordre alphabétique)

- **Anonyme**, *La Farce de Maître Pathelin*
- **Anouilh**, *Antigone*
- **Aragon**, *Aurélien*
- **Aragon**, *Le Paysan de Paris*
- **Austen**, *Raison et Sentiments*
- **Balzac**, *Illusions perdues*
- **Balzac**, *La Femme de trente ans*
- **Balzac**, *Le Colonel Chabert*
- **Balzac**, *Le Lys dans la vallée*
- **Balzac**, *Le Père Goriot*
- **Barbey d'Aurevilly**, *L'Ensorcelée*
- **Barbey d'Aurevilly**, *Les Diaboliques*
- **Bataille**, *Ma mère*
- **Baudelaire**, *Les Fleurs du Mal*
- **Baudelaire**, *Petits poèmes en prose*
- **Beaumarchais**, *Le Barbier de Séville*
- **Beaumarchais**, *Le Mariage de Figaro*
- **Beauvoir**, *Mémoires d'une jeune fille rangée*
- **Beckett**, *En attendant Godot*
- **Beckett**, *Fin de partie*
- **Brecht**, *La Noce*
- **Brecht**, *La Résistible ascension d'Arturo Ui*
- **Brecht**, *Mère Courage et ses enfants*
- **Breton**, *Nadja*
- **Brontë**, *Jane Eyre*
- **Camus**, *L'Étranger*
- **Carroll**, *Alice au pays des merveilles*
- **Céline**, *Mort à crédit*

- **Céline**, *Voyage au bout de la nuit*
- **Chateaubriand**, *Atala*
- **Chateaubriand**, *René*
- **Chrétien de Troyes**, *Perceval*
- **Cocteau**, *La Machine infernale*
- **Cocteau**, *Les Enfants terribles*
- **Colette**, *Le Blé en herbe*
- **Corneille**, *Atilla*
- **Corneille**, *Le Cid*
- **Corneille**, *Médée*
- **Crébillon fils**, *Les Égarements du cœur et de l'esprit*
- **Defoe**, *Robinson Crusoé*
- **Dickens**, *Oliver Twist*
- **Du Bellay**, *Les Regrets*
- **Dumas**, *Henri III et sa cour*
- **Duras**, *L'Amant*
- **Duras**, *La Pluie d'été*
- **Duras**, *Un barrage contre le Pacifique*
- **Euripide**, *Médée*
- **Flaubert**, *Bouvard et Pécuchet*
- **Flaubert**, *L'Éducation sentimentale*
- **Flaubert**, *Madame Bovary*
- **Flaubert**, *Salammbô*
- **Gary**, *La Vie devant soi*
- **Giraudoux**, *Électre*
- **Giraudoux**, *La Guerre de Troie n'aura pas lieu*
- **Gogol**, *Le Mariage*
- **Homère**, *L'Odyssée*
- **Hugo**, *Hernani*
- **Hugo**, *Les Misérables*
- **Hugo**, *Notre-Dame de Paris*
- **Huxley**, *Le Meilleur des mondes*
- **Jaccottet**, *À la lumière d'hiver*

- **James**, *Une vie à Londres*
- **Jarry**, *Ubu roi*
- **Kafka**, *La Métamorphose*
- **Kerouac**, *Sur la route*
- **Kessel**, *Le Lion*
- **La Fayette**, *La Princesse de Clèves*
- **Le Clézio**, *Mondo et autres histoires*
- **Levi**, *Si c'est un homme*
- **London**, *Croc-Blanc*
- **London**, *L'Appel de la forêt*
- **Maupassant**, *Boule de suif*
- **Maupassant**, *Le Horla*
- **Maupassant**, *Une vie*
- **Molière**, *Amphitryon*
- **Molière**, *Dom Juan*
- **Molière**, *L'Avare*
- **Molière**, *Le Malade imaginaire*
- **Molière**, *Le Tartuffe*
- **Molière**, *Les Fourberies de Scapin*
- **Musset**, *Les Caprices de Marianne*
- **Musset**, *Lorenzaccio*
- **Musset**, *On ne badine pas avec l'amour*
- **Perec**, *La Disparition*
- **Perec**, *Les Choses*
- **Perrault**, *Contes*
- **Prévert**, *Paroles*
- **Prévost**, *Manon Lescaut*
- **Proust**, *À l'ombre des jeunes filles en fleurs*
- **Proust**, *Albertine disparue*
- **Proust**, *Du côté de chez Swann*
- **Proust**, *Le Côté de Guermantes*
- **Proust**, *Le Temps retrouvé*
- **Proust**, *Sodome et Gomorrhe*

- **Proust**, *Un amour de Swann*
- **Queneau**, *Exercices de style*
- **Quignard**, *Tous les matins du monde*
- **Rabelais**, *Gargantua*
- **Rabelais**, *Pantagruel*
- **Racine**, *Andromaque*
- **Racine**, *Bérénice*
- **Racine**, *Britannicus*
- **Racine**, *Phèdre*
- **Renard**, *Poil de carotte*
- **Rimbaud**, *Une saison en enfer*
- **Sagan**, *Bonjour tristesse*
- **Saint-Exupéry**, *Le Petit Prince*
- **Sarraute**, *Enfance*
- **Sarraute**, *Tropismes*
- **Sartre**, *La Nausée*
- **Senghor**, *La Belle histoire de Leuk-le-lièvre*
- **Shakespeare**, *Roméo et Juliette*
- **Steinbeck**, *Les Raisins de la colère*
- **Stendhal**, *La Chartreuse de Parme*
- **Stendhal**, *Le Rouge et le Noir*
- **Verlaine**, *Romances sans paroles*
- **Verne**, *Une ville flottante*
- **Verne**, *Voyage au centre de la Terre*
- **Vian**, *J'irai cracher sur vos tombes*
- **Vian**, *L'Arrache-cœur*
- **Vian**, *L'Écume des jours*
- **Voltaire**, *Candide*
- **Voltaire**, *Micromégas*
- **Zola**, *Au Bonheur des Dames*
- **Zola**, *Germinal*
- **Zola**, *L'Argent*
- **Zola**, *L'Assommoir*